Einige Gedichte

Friedrich Schiller

Alpha Editions

This edition published in 2022

ISBN : 9789356788046

Design and Setting By
Alpha Editions
www.alphaedis.com
Email - info@alphaedis.com

Contents

Abschied vom Leser

Die Muse schweigt. Mit jungfräulichen Wangen,
Erröten im verschämten Angesicht,
Tritt sie vor dich, ihr Urteil zu empfangen;
Sie achtet es, doch fürchtet sie es nicht.
Des guten Beifall wünscht sie zu erlangen,
Den Wahrheit rührt, den Flimmer nicht besticht;
Nur wem ein Herz, empfänglich für das Schöne,
Im Busen schlägt, ist wert, dass er sie kröne.

Nicht länger wollen diese Lieder leben,
Als bis ihr Klang ein fühlend Herz erfreut,
Mit schönern Phantasien es umgeben,
Zu höheren Gefühlen es geweiht;
Zur fernen Nachwelt wollen sie nicht schweben,
Sie tönten, sie verhallen in der Zeit.
Des Augenblickes Lust hat sie geboren,
Sie fliehen fort im leichten Tanz der Horen.

Der Lenz erwacht, auf den erwärmten Triften
Schießt frohes Leben jugendlich hervor,
Die Staude würzt die Luft mit Nektardüften,
Den Himmel füllt ein muntrer Sängerchor.
Und jung und alt ergeht sich in den Lüften
Und freuet sich und schwelgt mit Aug und Ohr.
Der Lenz entflieht! Die Blume schießt in Samen,
Und keine bleibt von allen, welche kamen.

Amalia

Schön wie Engel voll Walhallas Wonne,
Schön vor allen Jünglingen war er,
Himmlisch mild sein Blick, wie Maiensonne,
Rückgestrahlt vom blauen Spiegelmeer.
Seine Küsse—paradiesisch Fühlen!
Wie zwo Flammen sich ergreifen, wie
Harfentöne in einander spielen
Zu der himmelvollen Harmonie—
Stürzten, flogen, schmolzen Geist und Geist zusammen,
Lippen, Wangen brannten, zitterten,
Seele rann in Seele—Erd' und Himmel schwammen
Wie zerronnen um die Liebenden!
Er ist hin—vergebens, ach! vergebens
Stöhnet ihm der bange Seufzer nach!
Er ist hin, und alle Lust des Lebens
Wimmert hin in ein verlornes Ach!

An den Frühling

Willkommen schöner Jüngling!
Du Wonne der Natur!
Mit deinem Blumenkörbchen
Willkommen auf der Flur!

Ei! Ei! Da bist du wieder!
Und bist so lieb und schön!
Und freun wir uns so herzlich,
Entgegen dir zu gehen.
Denkst auch noch an mein Mädchen?
Ei, lieber, denke doch!
Dort liebte mich das Mädchen,
Und 's Mädchen liebt mich noch!

Fürs Mädchen manches Blümchen
Erbat ich mir von dir—
Ich komm und bitte wieder,
Und du?—du gibst es mir?

Willkommen schöner Jüngling!
Du Wonne der Natur!
Mit deinem Blumenkörbchen
Willkommen auf der Flur!

An die Astronomen

Schwatzet mir nicht so viel von Nebelflecken und Sonnen!
Ist die Natur nur groß, weil sie zu zählen euch gibt?
Euer Gegenstand ist der erhabenste freilich im Raume;
Aber, Freunde, im Raum wohnt das Erhabene nicht.

An einen Moralisten

Was zürnst du unsrer frohen Jugendweise
Und lehrst, daß Lieben Tändeln sei?
Du starrest in des Winters Eise
Und schmälest auf den goldnen Mai.

Einst, als du noch das Nymphenvolk bekriegtest,
Ein Held des Karnevals den deutschen Wirbel flogst,
Ein Himmelreich in beiden Armen wiegtest
Und Nektarduft von Mädchenlippen sogst—

Ha Seladon! wenn damals aus den Achsen
Gewichen wär der Erde schwerer Ball,
Im Liebesknäul mit Julien verwachsen
Du hättest überhört den Fall!

O denk zurück nach deinen Rosentagen
Und lerne: die Philosophie
Schlägt um, wie unsre Pulse anders schlagen;
Zu Göttern schaffst du Menschen nie.

Wohl, wenn ins Eis des klügelnden Verstandes
Das warme Blut ein bißchen muntrer springt!
Laß den Bewohnern eines bessern Landes,
Was nie dem Sterblichen gelingt.

Zwingt doch der irdische Gefährte
Den gottgebornen Geist in Kerkermauren ein,
Er wehrt mir, daß ich Engel werde,
Ich will ihm folgen, Mensch zu sein.

Bittschrift

Dumm ist mein Kopf und schwer wie Blei,
Die Tobaksdose ledig,
Mein Magen leer—der Himmel sei
Dem Trauerspiele gnädig.

Ich kratze mit dem Federkiel
Auf den gewalkten Lumpen;
Wer kann Empfindung und Gefühl
Aus hohlem Herzen pumpen?

Feu'r soll ich gießen aufs Papier
Mit angefrornem Finger?—
O Phöbus, hassest du Geschmier,
So wärm auch deine Sänger.

Die Wäsche klatscht vor meiner Tür,
Es scharrt die Küchenzofe.
Und mich—mich ruft das Flügeltier
Nach König Philipps Hofe.

Ich steige mutig auf das Roß;
In wenigen Sekunden
Seh ich Madrid—Am Königsschloß
Hab ich es angebunden.

Ich eile durch die Galerie
Und—siehe da!—belausche
Die junge Fürstin Eboli
In süßem Liebesrausche.

Jetzt sinkt sie an des Prinzen Brust
Mit wonnevollem Schauer,
In i h r e n Augen Götterlust,
Doch in den s e i n e n Trauer.

Schon ruft das schöne Weib Triumph,
Schon hör ich—Tod und Hölle!
Was hör ich?—einen nassen Strumpf
Geworfen in die Welle.

Und weg ist Traum und Feerei—
Prinzessin, Gott befohlen!
Der Teufel soll die Dichterei
Beim Hemdenwaschen holen.

Das Geheimnis

Sie konnte mir kein Wörtchen sagen,
Zu viele Lauscher waren wach;
Den Blick nur durft ich schüchtern fragen,
Und wohl verstand ich, was er sprach.
Leis komm ich her in deine Stille,
Du schön belaubtes Buchenzelt,
Verbirg in deiner grünen Hülle
Die Liebenden dem Aug der Welt.

Von ferne mit verworrnem Sausen
Arbeitet der geschäft'ge Tag,
Und durch der Stimmen hohles Brausen
Erkenn ich schwerer Hämmer Schlag.
So sauer ringt die kargen Lose
Der Mensch dem harten Himmel ab,
Doch leicht erworben, aus dem Schoße
Der Götter fällt das Glück herab.

Daß ja die Menschen nie es hören,
Wie treue Lieb uns still beglückt!
Sie können nur die Freude stören,
Weil Freude nie sie selbst entzückt.
Die Welt wird nie das Glück erlauben,
Als Beute wird es nur gehascht,
Entwenden mußt du's oder rauben,
Eh dich die Mißgunst überrascht.

Leis auf den Zehen kommt's geschlichen,
Die Stille liebt es und die Nacht,
Mit schnellen Füßen ist's entwichen,
Wo des Verräters Auge wacht.
O schlinge dich, du sanfte Quelle,
Ein breiter Strom um uns herum,
Und drohend mit empörter Welle
Verteidige dies Heiligtum!

Das Glück der Weisheit

Entzweit mit einem Favoriten,
Flog einst Fortun der Weisheit zu:
"Ich will dir meine Schätze bieten,
Sei meine Freundin du!

Mit meinen reichsten, schönsten Gaben
Beschenkt ich ihn so mütterlich,
Und sieh, er will noch immer haben
Und nennt noch geizig mich.

Komm, Schwester, laß uns Freundschaft schließen,
Du marterst dich an deinem Pflug;
In deinen Schoß will ich sie gießen,
Hier ist für dich und mich genug."

Sophia lächelt diesen Worten
Und wischt den Schweiß vom Angesicht:
Dort eilt dein Freund, sich zu ermorden,
Versöhnet euch!—ich brauch dich nicht."

Das Lied von der Glocke

Vivos voco. Mortuos plango. Fulgura frango.

Fest gemauert in der Erden
Steht die Form, aus Lehm gebrannt.
Heute muß die Glocke werden,
Frisch, Gesellen! seid zur Hand.
Von der Stirne heiß
Rinnen muß der Schweiß,
Soll das Werk den Meister loben,
Doch der Segen kommt von oben.
Zum Werke, das wir ernst bereiten,
Geziemt sich wohl ein ernstes Wort;
Wenn gute Reden sie begleiten,
Dann fließt die Arbeit munter fort.
So laßt uns jetzt mit Fleiß betrachten,
Was durch die schwache Kraft entspringt,
Den schlechten Mann muß man verachten,
Der nie bedacht, was er vollbringt.
Das ists ja, was den Menschen zieret
Und dazu ward ihm der Verstand,
Daß er im innern Herzen spüret,
Was er erschafft mit seiner Hand.

Nehmet Holz vom Fichtenstamme,
Doch recht trocken laßt es sein,
Daß die eingepreßte Flamme
Schlage zu dem Schwalch hinein.
Kocht des Kupfers Brei,
Schnell das Zinn herbei,
Daß die zähe Glockenspeise
Fließe nach der rechten Weise.

Was in des Dammes tiefer Grube
Die Hand mit Feuers Hilfe baut,
Hoch auf des Turmes Glockenstube
Da wird es von uns zeugen laut.
Noch dauern wirds in späten Tagen
Und rühren vieler Menschen Ohr,
Und wird mit dem Betrübten klagen,
Und stimmen zu der Andacht Chor.
Was unten tief dem Erdensohne
Das wechselnde Verhängnis bringt,

Das schlägt an die metallne Krone,
Die es erbaulich weiter klingt.

Weiße Blasen seh ich springen,
Wohl! die Massen sind im Fluß.
Laßt's mit Aschensalz durchdringen,
Das befördert schnell den Guß.
Auch von Schaume rein
Muß die Mischung sein,
Daß vom reinlichen Metalle
Rein und voll die Stimme schalle.

Denn mit der Freude Feierklange
Begrüßt sie das geliebte Kind
Auf seines Lebens erstem Gange,
Den es in Schlafes Arm beginnt;
Ihm ruhen noch im Zeitenschoße
Die schwarzen und die heitern Lose,
Der Mutterliebe zarte Sorgen
Bewachen seinen goldnen Morgen—
Die Jahre fliehen pfeilgeschwind.
Vom Mädchen reißt sich stolz der Knabe,
Er stürmt ins Leben wild hinaus,
Durchmißt die Welt am Wanderstabe,
Fremd kehrt er heim ins Vaterhaus,
Und herrlich, in der Jugend Prangen,
Wie ein Gebild aus Himmels Höhn,
Mit züchtigen, verschämten Wangen
Sieht er die Jungfrau vor sich stehn.
Da faßt ein namenloses Sehnen
Des Jünglings Herz, er irrt allein,
Aus seinen Augen brechen Tränen,
Er flieht der Brüder wilden Reihn.
Errötend folgt er ihren Spuren,
Und ist von ihrem Gruß beglückt;
Das Schönste sucht er auf den Fluren,
Womit er seine Liebe schmückt.
O! zarte Sehnsucht, süßes Hoffen,
Der ersten Liebe goldne Zeit,
Das Auge sieht den Himmel offen,
Es schwelgt das Herz in Seligkeit,
O! daß sie ewig grünen bliebe,
Die schöne Zeit der jungen Liebe!

Wie sich schon die Pfeifen bräunen!
Dieses Stäbchen tauch ich ein,
Sehn wir's überglast erscheinen
Wirds zum Gusse zeitig sein.
Jetzt, Gesellen, frisch!
Prüft mir das Gemisch,
Ob das Spröde mit dem Weichen
Sich vereint zum guten Zeichen.

Denn wo das Strenge mit dem Zarten,
Wo Starkes sich und Mildes paarten,
Da gibt es einen guten Klang.
Drum prüfe, wer sich ewig bindet,
Ob sich das Herz zum Herzen findet!
Der Wahn ist kurz, die Reu ist lang.
Lieblich in der Bräute Locken
Spielt der jungfräuliche Kranz,
Wenn die hellen Kirchenglocken
Laden zu des Festes Glanz.
Ach! des Lebens schönste Feier
Endigt auch den Lebensmai,
Mit dem Gürtel, mit dem Schleier
Reißt der schöne Wahn entzwei.
Die Leidenschaft flieht,
Die Liebe muß bleiben,
Die Blume verblüht,
Die Frucht muß treiben.
Der Mann muß hinaus
Ins feindliche Leben,
Muß wirken und streben
Und pflanzen und schaffen,
Erlisten, erraffen,
Muß wetten und wagen
Das Glück zu erjagen.
Da strömet herbei die unendliche Gabe,
Es füllt sich der Speicher mit köstlicher Habe,
Die Räume wachsen, es dehnt sich das Haus.
Und drinnen waltet
Die züchtige Hausfrau,
Die Mutter der Kinder,
Und herrschet weise
Im häuslichen Kreise,
Und lehret die Mädchen,
Und wehret den Knaben,

Und reget ohn Ende
Die fleißigen Hände,
Und mehrt den Gewinn
Mit ordnendem Sinn.
Und füllet mit Schätzen die duftenden Laden,
Und dreht um die schnurrende Spindel den Faden,
Und sammelt im reinlich geglätteten Schrein
Die schimmernde Wolle, den schneeigten Lein,
Und füget zum Guten den Glanz und den Schimmer,
Und ruhet nimmer.
Und der Vater mit frohem Blick
Von des Hauses weitschauendem Giebel
Überzählet sein blühend Glück,
Siehet der Pfosten ragende Bäume,
Und der Scheunen gefüllte Räume
Und die Speicher, vom Segen gebogen,
Und des Kornes bewegte Wogen,
Rühmt sich mit stolzem Mund:
Fest wie der Erde Grund
Gegen des Unglücks Macht
Steht mit des Hauses Pracht!—
Doch mit des Geschickes Mächten
Ist kein ew'ger Bund zu flechten,
Und das Unglück schreitet schnell.

Wohl! Nun kann der Guß beginnen,
Schön gezacket ist der Bruch.
Doch, bevor wir's lassen rinnen,
Betet einen frommen Spruch!
Stoßt den Zapfen aus!
Gott bewahr das Haus.
Raudlend in des Henkels Bogen
Schießts mit feuerbraunen Wogen.

Wohltätig ist des Feuers Macht,
Wenn sie der Mensch bezähmt, bewacht,
Und was er bildet, was er schafft,
Das dankt er dieser;
Doch furchtbar wird die Himmelskraft,
Wenn sie der Fessel sich entrafft,
Einhertritt auf der eignen Spur
Die freie Tochter der Natur.
Wehe, wenn sie losgelassen
Wachsend ohne Widerstand

Durch die volkbelebten Gassen
Wälzt den ungeheuren Brand!
Denn die Elemente hassen
Das Gebild der Menschenhand.
Aus der Wolke
Quillt der Segen,
Strömt der Regen,
Aus der Wolke, ohne Wahl,
Zuckt der Strahl!
Hört ihr's wimmern hoch vom Turm!
Das ist Sturm!
Rot wie Blut
Ist der Himmel,
Das ist nicht des Tages Glut!
Welch Getümmel
Straßen auf!
Dampf wallt auf!
Flackernd steigt die Feuersäule,
Durch der Straßen lange Zeile
Wächst es fort mit Windeseile,
Kochend wie aus Ofens Rachen
Glühn die Lüfte, Balken krachen,
Pfosten stürzen, Fenster klirren,
Kinder jammern, Mütter irren,
Tiere wimmern
Unter Trümmern,
Alles rennet, rettet, flüchtet,
Taghell ist die Nacht gelichtet,
Durch der Hände lange Kette
Um die Wette
Fliegt der Eimer, hoch im Bogen
Sprützen Quellen, Wasserwogen.
Heulend kommt der Sturm geflogen,
Der die Flamme brausend sucht,
Prasselnd in die dürre Frucht
Fällt sie, in des Speichers Räume,
In der Sparren dürre Bäume,
Und als wollte sie im Wehen
Mit sich fort der Erde Wucht
Reißen, in gewaltger Flucht,
Wächst sie in des Himmels Höhen
Riesengroß!
Hoffnungslos

Weicht der Mensch der Götterstärke,
Müßig sieht er seine Werke
Und bewundernd untergehn.
Leergebrannt
Ist die Stätte,
Wilder Stürme rauhes Bette,
In den öden Fensterhöhlen
Wohnt das Grauen,
Und des Himmels Wolken schauen
Hoch hinein.
Einen Blick
Nach dem Grabe
Seiner Habe
Sendet noch der Mensch zurück—
Greift fröhlich dann zum Wanderstabe,
Was Feuers Wut ihm auch geraubt,
Ein süßer Trost ist ihm geblieben,
Er zählt die Häupter seiner Lieben
Und sieh! ihm fehlt kein teures Haupt.

In die Erd ist's aufgenommen,
Glücklich ist die Form gefüllt,
Wirds auch schön zu Tage kommen,
Daß es Fleiß und Kunst vergilt?
Wenn der Guß mißlang?
Wenn die Form zersprang?
Ach, vielleicht indem wir hoffen
Hat uns Unheil schon getroffen.

Dem dunkeln Schoß der heilgen Erde
Vertrauen wir der Hände Tat,
Vertraut der Sämann seine Saat
Und hofft, daß sie entkeimen werde
Zum Segen, nach des Himmels Rat.
Noch köstlicheren Samen bergen
Wir traurend in der Erde Schoß,
Und hoffen, daß er aus den Särgen
Erblühen soll zu schönerm Los.
Von dem Dome
Schwer und bang
Tönt die Glocke
Grabgesang.
Ernst begleiten ihre Trauerschläge
Einen Wandrer auf dem letzten Wege.

Ach! die Gattin ists, die teure,
Ach! es ist die treue Mutter,
Die der schwarze Fürst der Schatten
Wegführt aus dem Arm des Gatten,
Aus der zarten Kinder Schar,
Die si.e blühend ihm gebar,
Die sie an der treuen Brust
Wachsen sah mit Mutterlust—
Ach! des Hauses zarte Bande
Sind gelöst auf immerdar,
Denn sie wohnt im Scha.ttenlande,
Die des Hauses Mutter war,
Denn es fehlt ihr treues Walten,
Ihre Sorge wacht nicht mehr,
An verwaister Stätte schalten
Wird die Fremde, liebeleer.

Bis die Glocke sich verkühlet
Laßt die strenge Arbeit ruhn,
Wie im Laub der Vogel spielet
Mag sich jeder gütlich tun.
Winkt der Sterne Licht,
Ledig aller Pflicht
Hört der Bursch die Vesper schlagen,
Meister muß sich immer plagen.

Munter fördert seine Schritte
Fern im wilden Forst der Wandrer
Nach der lieben Heimathütte.
Blöckend ziehen heim die Schafe,
Und der Rinder
Breitgestirnte glatte Scharen
Kommen brüllend,
Die gewohnten Ställe füllend.
Schwer herein
Schwankt der Wagen,
Kornbeladen,
Bunt von Farben
Auf den Garben
Liegt der Kranz,
Und das junge Volk der Schnitter
Fliegt zum Tanz.
Markt und Straße werden stiller,
Um des Lichts gesellge Flamme

Sammeln sich die Hausbewohner,
Und das Stadttor schließt sich knarrend.
Schwarz bedecket
Sich die Erde,
Doch den sichern Bürger schrecket
Nicht die Nacht,
Die den Bösen gräßlich wecket,
Denn das Auge des Gesetzes wacht.
Heilge Ordnung, segenreiche
Himmelstochter, die das Gleiche
Frei und leicht und freudig bindet,
Die der Städte Bau gegründet,
Die herein von den Gefilden
Rief den ungesellgen Wilden,
Eintrat in der Menschen Hütten,
Sie gewöhnt' zu sanften Sitten
Und das teuerste der Bande
Wob, den Trieb zum Vaterlande!

Tausend fleißge Hände regen,
Helfen sich in munterm Bund
Und in feurigem Bewegen
Werden alle Kräfte kund.
Meister rührt sich und Geselle
In der Freiheit heilgem Schutz.
Jeder freut sich seiner Stelle,
Bietet dem Verächter Trutz.
Arbeit ist des Bürgers Zierde,
Segen ist der Mühe Preis,
Ehrt den König seine Würde,
Ehret uns der Hände Fleiß.

Holder Friede,
Süße Eintracht,
Weilet, weilet
Freundlich über dieser Stadt!
Möge nie der Tag erscheinen,
Wo des rauhen Krieges Horden
Dieses stille Tal durchtoben,
Wo der Himmel,
Den des Abends sanfte Röte
Lieblich malt,
Von der Dörfer, von der Städte
Wildem Brande schrecklich strahlt!

Nun zerbrecht mir das Gebäude,
Seine Absicht hats erfüllt,
Daß sich Herz und Auge weide
An dem wohlgelungnen Bild.
Schwingt den Hammer, schwingt,
Bis der Mantel springt,
Wenn die Glock soll auferstehen
Muß die Form in Stücken gehen.

Der Meister kann die Form zerbrechen
Mit weiser Hand, zur rechten Zeit,
Doch wehe, wenn in Flammenbächen
Das glühnde Erz sich selbst befreit!
Blindwütend mit des Donners Krachen
Zersprengt es das geborstne Haus,
Und wie aus offnem Höllenrachen
Speit es Verderben zündend aus;
Wo rohe Kräfte sinnlos walten,
Da kann sich kein Gebild gestalten,
Wenn sich die Völker selbst befrein,
Da kann die Wohlfahrt nicht gedeihn.

Weh, wenn sich in dem Schoß der Städte
Der Feuerzunder still gehäuft,
Das Volk, zerreißend seine Kette,
Zur Eigenhilfe schrecklich greift!
Da zerret an der Glocke Strängen
Der Aufruhr, daß sie heulend schallt,
Und nur geweiht zu Friedensklängen
Die Losung anstimmt zur Gewalt.

Freiheit und Gleichheit! hört man schallen,
Der ruh'ge Bürger greift zur Wehr;
Die Straßen füllen sich, die Hallen,
Und Würgerbanden ziehn umher,
Da werden Weiber zu Hyänen
Und treiben mit Entsetzen Scherz,
Noch zuckend, mit des Panthers Zähnen,
Zerreißen sie des Feindes Herz.
Nichts Heiliges ist mehr, es lösen
Sich alle Bande frommer Scheu,
Der Gute räumt den Platz dem Bösen,
Und alle Laster walten frei.
Gefährlich ists den Leu zu wecken,
Verderblich ist des Tigers Zahn,

Jedoch der schrecklichste der Schrecken
Das ist der Mensch in seinem Wahn.
Weh denen, die dem Ewigblinden
Des Lichtes Himmelsfackel leihn!
Sie strahlt ihm nicht, sie kann nur zünden
Und äschert Städt und Länder ein.

Freude hat mir Gott gegeben!
Sehet! wie ein goldner Stern
Aus der Hülse, blank und eben,
Schält sich der metallne Kern.
Von dem Helm zum Kranz
Spielts wie Sonnenglanz,
Auch des Wappens nette Schilder
Loben den erfahrnen Bilder.

Herein! herein!
Gesellen alle, schließt den Reihen,
Daß wir die Glocke taufend weihen,
Concordia soll ihr Name sein,
Zur Eintracht, zu herzinnigem Vereine
Versammle sie die liebende Gemeine.
Und dies sei fortan ihr Beruf,
Wozu der Meister sie erschuf :
Hoch überm niedern Erdenleben
Soll sie in blauem Himmelszelt
Die Nachbarin des Donners schweben
Und grenzen an die Sternenwelt,
Soll eine Stimme sein von oben,
Wie der Gestirne helle Schar,
Die ihren Schöpfer wandelnd loben
Und führen das bekränzte Jahr.
Nur ewigen und ernsten Dingen
Sei ihr metallner Mund geweiht,
Und stündlich mit den schnellen Schwingen
Berühr im Fluge sie die Zeit,
Dem Schicksal leihe sie die Zunge,
Selbst herzlos, ohne Mitgefühl,
Begleite sie mit ihrem Schwunge
Des Lebens wechselvolles Spiel.
Und wie der Klang im Ohr vergehet,
Der mächtig tönend ihr entschallt,
So lehre sie, daß nichts bestehet,
Daß alles Irdische verhallt.

Jetzo mit der Kraft des Stranges
Wiegt die Glock mir aus der Gruft,
Daß sie in das Reich des Klanges
Steige, in die Himmelsluft.
Ziehet, ziehet, hebt!
Sie bewegt sich, schwebt,
Freude dieser Stadt bedeute,
Friede sei ihr erst Geläute.

Das Mädchen aus der Fremde

In einem Tal bei armen Hirten
Erschien mit jedem jungen Jahr,
Sobald die ersten Lerchen schwirrten,
Ein Mädchen, schön und wunderbar.

Sie war nicht in dem Tal geboren,
Man wußte nicht, woher sie kam,
Und schnell war ihre Spur verloren,
Sobald das Mädchen Abschied nahm.

Beseligend war ihre Nähe,
Und alle Herzen wurden weit,
Doch eine Würde, eine Höhe
Entfernte die Vertraulichkeit.

Sie brachte Blumen mit und Früchte,
Gereift auf einer andern Flur,
In einem andern Sonnenlichte,
In einer glücklichern Natur.

Und teilte jedem eine Gabe,
Dem Früchte, jenem Blumen aus,
Der Jüngling und der Greis am Stabe,
Ein jeder ging beschenkt nach Haus.

Willkommen waren alle Gäste,
Doch nahte sich ein liebend Paar,
Dem reichte sie der Gaben beste,
Der Blumen allerschönste dar.

Das Mädchen von Orleans

Das edle Bild der Menschheit zu verhöhnen,
Im tiefsten Staube wälzte dich der Spott;
Krieg führt der Witz auf ewig mit den Schönen,
Er glaubt nicht an den Engel und den Gott;
Dem Herzen will er seine Schätze rauben,
Den Wahn bekriegt er und verletzt den Glauben.

Doch, wie du selbst aus kindlichem Geschlechte,
Selbst eine fromme Schäferin wie du,
Reicht dir die Dichtkunst ihre Götterrechte,
Schwingt sich mit dir den ew'gen Sternen zu.
Mit einer Glorie hat sie dich umgeben;
Dich schuf das Herz, du wirst unsterblich leben.

Es liebt die Welt, das Strahlende zu schwärzen
Und das Erhabne in den Staub zu ziehn;
Doch fürchte nicht! Es gibt noch schöne Herzen,
Die für das Hohe, Herrliche entglühn.
Den lauten Markt mag Momus unterhalten,
Ein edler Sinn liebt edlere Gestalten.

Das Spiel des Lebens

Wollt ihr in meinen Kasten sehn?
Des Lebens Spiel, die Welt im kleinen,
Gleich soll sie eurem Aug erscheinen;
Nur müßt ihr nicht zu nahe stehn,
Ihr müßt sie bei der Liebe Kerzen
Und nur bei Amors Fackel sehn.

Schaut her! Nie wird die Bühne leer:
Dort bringen sie das Kind getragen,
Der Knabe hüpft, der Jüngling stürmt einher,
Es kämpft der Mann, und alles will er wagen.

Ein jeglicher versucht sein Glück,
Doch schmal nur ist die Bahn zum Rennen:
Der Wagen rollt, die Achsen brennen,
Der Held dringt kühn voran, der Schwächling bleibt zurück,
Der Stolze fällt mit lächerlichem Falle,
Der Kluge überholt sie alle.

Die Frauen seht ihr an den Schranken stehn,
Mit holdem Blick, mit schönen Händen
Den Dank dem Sieger auszuspenden.

Das verschleierte Bild zu Sais

Ein Jüngling, den des Wissens heißer Durst
Nach Sais in Ägypten trieb, der Priester
Geheime Weisheit zu erlernen, hatte
Schon manchen Grad mit schnellem Geist durcheilt,
Stets riß ihn seine Forschbegierde weiter,
Und kaum besänftigte der Hierophant
Den ungeduldig Strebenden. "Was hab ich,
Wenn ich nicht alles habe?" sprach der Jüngling,
"Gibts etwa hier ein Weniger und Mehr?
Ist deine Wahrheit wie der Sinne Glück
Nur eine Summe, die man größer, kleiner
Besitzen kann und immer doch besitzt?
Ist sie nicht eine einzge, ungeteilte?
Nimm einen Ton aus einer Harmonie,
Nimm eine Farbe aus dem Regenbogen,
Und alles, was dir bleibt, ist nichts, solang
Das schöne All der Töne fehlt und Farben."

Indem sie einst so sprachen, standen sie
In einer einsamen Rotonde still,
Wo ein verschleiert Bild von Riesengröße
Dem Jüngling in die Augen fiel. Verwundert
Blickt er den Führer an und spricht: "Was ists,
Das hinter diesem Schleier sich verbirgt?"
"Die Wahrheit", ist die Antwort.—"Wie?" ruft jener,
"Nach Wahrheit streb ich ja allein, und diese
Gerade ist es, die man mir verhüllt?"

"Das mache mit der Gottheit aus", versetzt
Der Hierophant. "Kein Sterblicher, sagt sie,
Rückt diesen Schleier, bis ich selbst ihn hebe.
Und wer mit ungeweihter, schuldger Hand
Den heiligen, verbotnen früher hebt,
Der, spricht die Gottheit—"—"Nun?"—
"Der sieht die Wahrheit."

"Ein seltsamer Orakelspruch! Du selbst,
Du hättest also niemals ihn gehoben?"
"Ich? Wahrlich nicht! Und war auch nie dazu
Versucht."—"Das fass ich nicht. Wenn von der Wahrheit
Nur diese dünne Scheidewand mich trennte—"
"Und ein Gesetz", fällt ihm sein Führer ein.

"Gewichtiger, mein Sohn, als du es meinst,
Ist dieser dünne Flor—für deine Hand
Zwar leicht, doch zentnerschwer für dein Gewissen."

Der Jüngling ging gedankenvoll nach Hause,
Ihm raubt des Wissens brennende Begier
Den Schlaf, er wälzt sich glühend auf dem Lager
Und rafft sich auf um Mitternacht. Zum Tempel
Führt unfreiwillig ihn der scheue Tritt.
Leicht ward es ihm, die Mauer zu ersteigen,
Und mitten in das Innre der Rotonde
Trägt ein beherzter Sprung den Wagenden.

Hier steht er nun, und grauenvoll umfängt
Den Einsamen die lebenlose Stille,
Die nur der Tritte hohler Widerhall
In den geheimen Grüften unterbricht
Von oben durch der Kuppel Öffnung wirft
Der Mond den bleichen, silberblauen Schein,
Und furchtbar wie ein gegenwärtger Gott
Erglänzt durch des Gewölbes Finsternisse
In ihrem langen Schleier die Gestalt.

Er tritt hinan mit ungewissem Schritt,
Schon will die freche Hand das Heilige berühren,
Da zuckt es heiß und kühl durch sein Gebein
Und stößt ihn weg mit unsichtbarem Arme.
Unglücklicher, was willst du tun? So ruft
In seinem Innern eine treue Stimme.
Versuchen den Allheiligen willst du?
Kein Sterblicher, sprach des Orakels Mund,
Rückt diesen Schleier, bis ich selbst ihn hebe.
Doch setzte nicht derselbe Mund hinzu:
Wer diesen Schleier hebt, soll Wahrheit schauen?
"Sei hinter ihm, was will! Ich heb ihn auf."
(Er rufts mit lauter Stimm.) "Ich will sie schauen."
Schauen!
Gellt ihm ein langes Echo spottend nach.

Er sprichts und hat den Schleier aufgedeckt.
Nun, fragt ihr, und was zeigte sich ihm hier?
Ich weiß es nicht. Besinnungslos und bleich,
So fanden ihn am andern Tag die Priester
Am Fußgestell der Isis ausgestreckt.
Was er allda gesehen und erfahren,

Hat seine Zunge nie bekannt. Auf ewig
War seines Lebens Heiterkeit dahin,
Ihn riß ein tiefer Gram zum frühen Grabe.
"Weh dem", dies war sein warnungsvolles Wort,
Wenn ungestüme Frager in ihn drangen,
"Weh dem, der zu der Wahrheit geht durch Schuld,
Sie wird ihm nimmermehr erfreulich sein."

Der Abend (Nach einem Gemälde)

Senke, strahlender Gott—die Fluren dürsten
Nach erquickendem Tau, der Mensch verschmachtet,
Matter ziehen die Rosse—
Senke den Wagen hinab!

Siehe, wer aus des Meers kristallner Woge
Lieblich lächelnd dir winkt! Erkennt dein Herz sie?
Rascher fliegen die Rosse,
Tethys, die göttliche, winkt.

Schnell vom Wagen herab in ihre Arme
Springt der Führer, den Zaum ergreift Kupido,
Stille halten die Rosse,
Trinken die kühlende Flut.

An den Himmel herauf mit leisen Schritten
Kommt die duftende Nacht; ihr folgt die süße
Liebe. Ruhet und liebet!
Phöbus, der liebende, ruht.

Die Antiken zu Paris

Was der Griechen Kunst erschaffen,
Mag der Franke mit den Waffen
Führen nach der Seine Strand,
Und in prangenden Museen
Zeig er seine Siegstrophäen
Dem erstaunten Vaterland!

Ewig werden sie ihm schweigen,
Nie von den Gestellen steigen
In des Lebens frischen Reihn.
Der allein besitzt die Musen,
Der sie trägt im warmen Busen,
Dem Vandalen sind sie Stein.

Die schönste Erscheinung

Sahest du nie die Schönheit im Augenblick des Leidens,
Niemals hast du die Schönheit gesehn.
Sahst du die Freude nie in einem schönen Gesichte,
Niemals hast du die Freude gesehn!

Die Weltweisen

Der Satz, durch welchen alles Ding
Bestand und Form empfangen,
Der Kloben, woran Zeus den Ring
Der Welt, die sonst in Scherben ging,
Vorsichtig aufgehangen,
Den nenn ich einen großen Geist,
Der mir ergründet, wie er heißt,
Wenn ich ihm nicht drauf helfe—
Er heißt: Zehn ist nicht Zwölfe.

Der Schnee macht kalt, das Feuer brennt,
Der Mensch geht auf zwei Füßen,
Die Sonne scheint am Firmament,
Das kann, wer auch nicht Logik kennt,
Durch seine Sinne wissen.
Doch wer Metaphysik studiert,
Der weiß, daß, wer verbrennt, nicht friert,
Weiß, daß das Nasse feuchtet
Und daß das Helle leuchtet.

Homerus singt sein Hochgedicht,
Der Held besteht Gefahren,
Der brave Mann tut seine Pflicht
Und tat sie, ich verhehl es nicht,
Eh noch Weltweise waren;
Doch hat Genie und Herz vollbracht,
Was Lock' und Des Cartes nie gedacht,
Sogleich wird auch von diesen
Die Möglichkeit bewiesen.

Im Leben gilt der Stärke Recht,
Dem Schwachen trotzt der Kühne,
Wer nicht gebieten kann, ist Knecht;
Sonst geht es ganz erträglich schlecht
Auf dieser Erdenbühne.
Doch wie es wäre, fing der Plan
Der Welt nur erst von vorne an,
Ist in Moralsystemen
Ausführlich zu vernehmen.

"Der Mensch bedarf des Menschen sehr
Zu seinem großen Ziele,

Nur in dem Ganzen wirket er,
Viel Tropfen geben erst das Meer,
Viel Wasser treibt die Mühle.
Drum flieht der wilden Wölfe Stand
Und knüpft des Staates daurend Band."
So lehren vom Katheder
Herr Puffendorf und Feder.

Doch weil, was ein Professor spricht,
Nicht gleich zu allen dringet,
So übt N a t u r die Mutterpflicht
Und sorgt, daß nie die Kette bricht
Und daß der Reif nie springet.
Einstweilen, bis den Bau der Welt
Philosophie zusammenhält,
Erhält s i e das Getriebe
Durch Hunger und durch Liebe.

Epigramme

Unsterblichkeit
Vor dem Tod erschrickst du?
Du wünschest unsterblich zu leben?
Leb im Ganzen!
Wenn du lange dahin bist, es bleibt.

Theophanie
Zeigt sich der Glückliche mir,
ich vergesse die Götter des Himmels;
Aber sie stehen vor mir,
wenn ich den Leidenden seh.

Das Kind in der Wiege
Glücklicher Säugling!
Dir ist ein unendlicher Raum noch die Wiege,
Werde Mann,
und dir wird eng die unendliche Welt.

Der beste Staat
"Woran erkenn ich den besten Staat?"
Woran du die beste Frau kennst!
daran, mein Freund,
daß man von beiden nicht spricht.

Das Unwandelbare
"Unaufhaltsam enteilet die Zeit."
Sie sucht das Beständ'ge.
Sei getreu,
und du legst ewige Fesseln ihr an.

Zeus zu Herkules
Nicht aus meinem Nektar
hast du dir Gottheit getrunken;
Deine Götterkraft war's,
die dir den Nektar errang.

Forum des Weibes

Frauen, richtet mir nie des Mannes einzelne Taten;
Aber über den Mann sprechet das richtige Wort.

Odysseus

Alle Gewässer durchkreuzt, die Heimat zu finden, Odysseus;
Durch der Scylla Gebell, durch der Charybde Gefahr,
Durch die Schrecken des feindlichen Meers, durch die Schrecken des Landes,
Selber in Aides Reich führt ihn die irrende Fahrt.
Endlich trägt das Geschick ihn schlafend an Ithakas Küste—
Er erwacht und erkennt jammernd das Vaterland nicht.

Sehnsucht

Ach, aus dieses Tales Gründen,
Die der kalte Nebel drückt,
Könnt ich doch den Ausgang finden,
Ach, wie fühlt ich mich beglückt!
Dort erblick ich schöne Hügel,
Ewig jung und ewig grün!
Hätt ich schwingen, hätt ich Flügel,
Nach den Hügeln zög ich hin.

Harmonieen hör ich klingen,
Töne süßer Himmelsruh,
Und die leichten Winde bringen
Mir der Düfte Balsam zu,
Goldne Früchte seh ich glühen,
Winkend zwischen dunkelm Laub,
Und die Blumen, die dort blühen,
Werden keines Winters Raub.
Ach wie schön muß sich's ergehen
Dort im ew'gen Sonnenschein,
Und die Luft auf jenen Höhen,
O wie labend muß sie sein!
Doch mir wehrt des Stromes Toben,
Der ergrimmt dazwischen braust,
Seine Wellen sind gehoben,
Das die Seele mir ergraust.

Einen Nachen seh ich schwanken,
Aber ach! Der Fährmann fehlt.
Frisch hinein und ohne Wanken!
Seine Segel sind beseelt.
Du mußt glauben, du mußt wagen,
Denn die Götter leihn kein Pfand,
Nur ein Wunder kann dich tragen
In das schöne Wunderland.

Spinoza

Hier liegt ein Eichbaum umgerissen,
Sein Wipfel tät die Wolken küssen,
Er liegt am Grund—warum?
Die Bauren hatten, hör ich reden,
Sein schönes Holz zum Bau'n vonnöten
Und rissen ihn deswegen um.

Thekla (Eine Geisterstimme)

Wo ich sei, und wo mich hingewendet,
Als mein flücht'ger Schatte dir entschwebt?
Hab ich nicht beschlossen und geendet,
Hab ich nicht geliebet und gelebt?

Willst du nach den Nachtigallen fragen,
Die mit seelenvoller Melodie
Dich entzücken in des Lenzes Tagen?
Nur solang sie liebten, waren sie.

Ob ich den Verlorenen gefunden?
Glaube mir, ich bin mit ihm vereint,
Wo sich nicht mehr trennt, was sich verbunden,
Dort, wo keine Träne wird geweint.

Dorten wirst auch du uns wieder finden,
Wenn dein Lieben unserm Lieben gleicht;
Dort ist auch der Vater, frei von Sünden,
Den der blut'ge Mord nicht mehr erreicht.

Und er fühlt, daß ihn kein Wahn betrogen,
Als er aufwärts zu den Sternen sah;
Denn wie jeder wägt, wird ihm gewogen,
Wer es glaubt, dem ist das Heil'ge nah.

Wort gehalten wird in jenen Räumen
Jedem schönen gläubigen Gefühl;
Wage du, zu irren und zu träumen:
Hoher Sinn liegt oft in kind'schem Spiel.

Triumph der Liebe

Selig durch die Liebe
Götter—durch die Liebe
Menschen Göttern gleich!
Liebe macht den Himmel
Himmlischer—die Erde
Zu dem Himmelreich.

Weibliches Urteil

Männer richten nach Gründen;
des Weibes Urteil ist seine Liebe:
wo es nicht liebt,
hat schon gerichtet das Weib.

Winternacht

Ade! Die liebe Herrgottssonne gehet,
Grad über tritt der Mond!
Ade! Mit schwarzem Rabenflügel wehet
Die stumme Nacht ums Erdenrund.

Nichts hör ich mehr durchs winternde Gefilde
Als tief im Felsenloch
Die Murmelquell, und aus dem Wald das wilde
Geheul des Uhus hör ich noch.

Im Wasserbette ruhen alle Fische,
Die Schnecke kriecht ins Dach,
Das Hündchen schlummert sicher unterm Tische,
Mein Weibchen nickt im Schlafgemach.

Euch Brüderchen von meinen Bubentagen
Mein herzliches Willkomm!
Ihr sitzt vielleicht mit traulichem Behagen
Um einen teutschen Krug herum.

Im hochgefüllten Deckelglase malet
Sich purpurfarb die Welt,
Und aus dem goldnen Traubenschaume strahlet
Vergnügen, das kein Neid vergällt.

Im Hintergrund vergangner Jahre findet
Nur Rosen euer Blick,
Leicht, wie die blaue Knasterwolke, schwindet
Der trübe Gram von euch zurück.

Vom Schaukelgaul bis gar zum Doktorhute
Stört ihr im Zeitbuch um.
Und zählt nunmehr mit federleichtem Mute
Schweißtropfen im Gymnasium.

Wie manchen Fluch—noch mögen unterm Boden
Sich seine Knochen drehn—
Terenz erpreßt, trotz Herrn Minellis Noten,
Wie manch verzogen Maul gesehn.

Wie ungestüm dem grimmen Landexamen
Des Buben Herz geklopft;
Wie ihm, sprach itzt der Rektor seinen Namen,
Der helle Schweiß aufs Buch getropft.—

Wo red't man auch von einer—e—gewissen—
Die sich als Frau nun spreißt,
Und mancher will der Lecker baß nun wissen,
Was doch ihr Mann baß—gar nicht weißt.

Nun liegt dies all im Nebel hinterm Rücken,
Und Bube heißt nun Mann,
Und Friedrich schweigt der weiseren Perücken,
Was einst der kleine Fritz getan—

Man ist—Potz gar!—zum Doktor ausgesprochen,
Wohl gar—beim Regiment!
Und hat vielleicht—doch nicht zu früh, gerochen,
Daß Plane—Seifenblasen sind.

Hauch immer zu,—und laß die Blasen springen;
Bleibt nur dies Herz noch ganz!
Und bleibt mir nur—errungen mit Gesängen—
Zum Lohn ein teutscher Lorbeerkranz.

Zum Geburtstag der Frau Griesbach

Mach auf, Frau Griesbach! Ich bin da
Und klopf an deine Türe.
Mich schickt Papa und die Mama,
Daß ich dir gratuliere.

Ich bringe nichts als ein Gedicht
Zu deines Tages Feier;
Denn alles, was die Mutter spricht,
Ist so entsetzlich teuer.

Sag selbst, was ich dir wünschen soll;
Ich weiß nichts zu erdenken.
Du hast ja Küch und Keller voll,
Nichts fehlt in deinen Schränken.

Es wachsen fast dir auf den Tisch
Die Spargel und die Schoten,
Die Stachelbeeren blühen frisch,
Und so die Reineclauden.

Bei Stachelbeeren fällt mir ein:
Die schmecken gar zu süße;
Und wenn sie werden zeitig sein,
So sorge, daß ich's wisse.

Viel fette Schweine mästest du
Und gibst den Hühnern Futter;
Die Kuh im Stalle ruft muh! muh!
Und gibt dir Milch und Butter.

Es haben alle dich so gern,
Die Alten und die Jungen,
Und deinem lieben, braven Herrn
Ist alles wohlgelungen.

Du bist wohlauf; Gott Lob und Dank!
Mußt's auch fein immer bleiben;
Ja, höre, werde ja nicht krank,
Daß sie dir nichts verschreiben!

Nun lebe wohl! Ich sag ade.
Gelt, ich war heut bescheiden?
Doch könntest du mir, eh ich geh,
'ne Butterbemme schneiden.